Il mio primo dizionario illustrato d'italiano

La città

Una passeggiata in città

Che traffico!

Al centro commerciale

Che ore sono?

È notte…

Al mercato

Ai giardini pubblici

Al luna park

Sara

Marco

Fuffi

© 2002 - ELI s.r.l.
Casella postale 6 - Recanati - Italia
Tel. +39/071/75 07 01 - Fax +39/071/97 78 51
www.elionline.com
e-mail: info@elionline.com

A cura di Joy Olivier
Illustrazioni di Federica Jossa
Versione italiana di Tiziana Tonni

Stampato in Italia - Tecnostampa Recanati - 02.83.083.0

ISBN 88-8148-840-X

il palazzo

Una passeggiata in città

Marco e Sara fanno una passeggiata in città. Sono sul marciapiede e aspettano di attraversare la strada. Vuoi aiutarli? Colora il semaforo con il colore giusto.

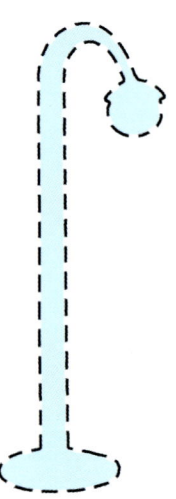

il lampione

il cestino
dei rifiuti

2

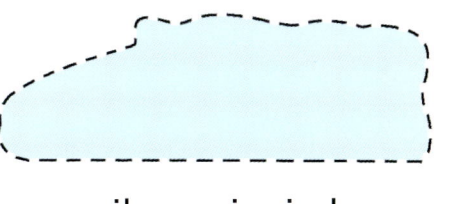

il marciapiede

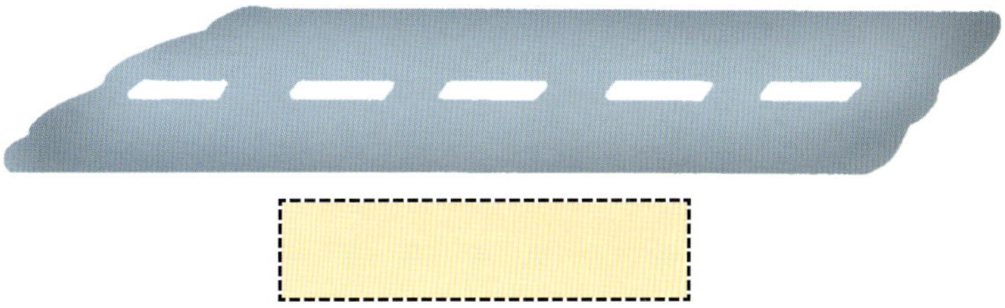

il semaforo

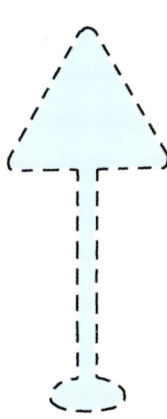

il segnale **stradale**

3

l'automobile

Che traffico!

Oggi c'è molto traffico in città! Quante automobili ci sono?
E quanti taxi? Colora i taxi di giallo.
Guarda bene: ci sono due automobili uguali. Trovale.

l'elicottero

l'aeroplano

l'autobus

il furgone

il camper

5

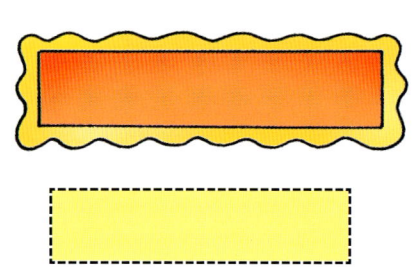

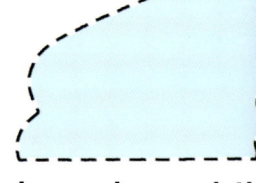
la scala mobile

Al centro commerciale

È sabato e Marco e Sara sono al centro commerciale.
Ci sono tanti negozi! Marco ha comprato una racchetta da tennis.
In quale negozio? Scrivi il nome dei negozi sulle insegne.

la libreria

la pasticceria

6

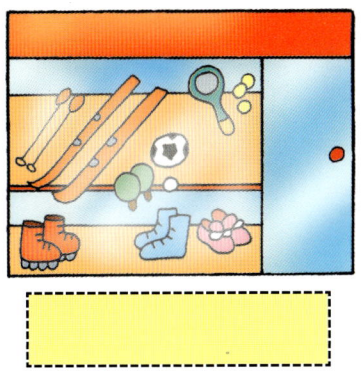

il negozio
di giocattoli

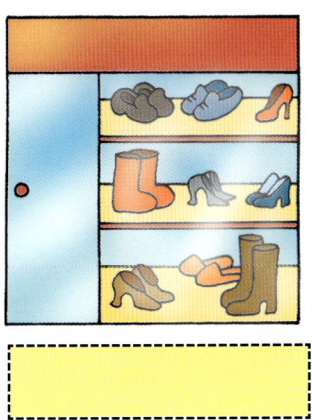

la profumeria

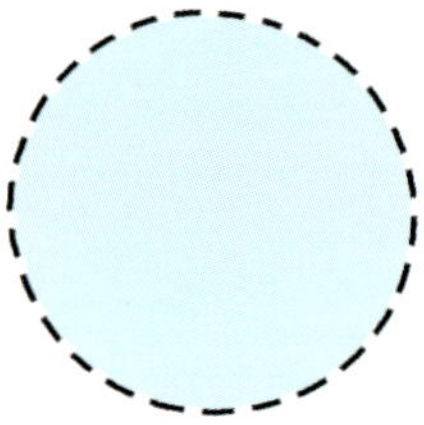

sono le quattro

è l'una

Che ore sono?

Sara guarda l'orologio… è tardi! È ora di tornare a casa.
Che ore sono?
Guarda l'orologio sul marciapiede.
Non ha le lancette: disegnale tu!

la strada

la fermata
dell'autobus

la piazza

le strisce pedonali

l'ambulanza

la motocicletta

il treno

il camion

la bicicletta

il taxi

la cartoleria

la vetrina

il negozio di scarpe

il negozio di
abbigliamento

il fioraio

l'insegna

il panettiere

il negozio di
articoli sportivi

il castello delle fate

gli autoscontri

le montagne russe

il giocoliere

il labirinto

il prestigiatore

sono le sei
e cinque

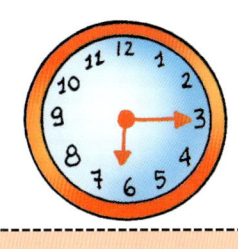

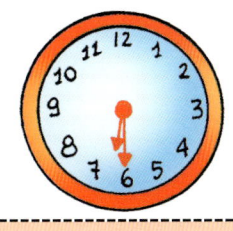

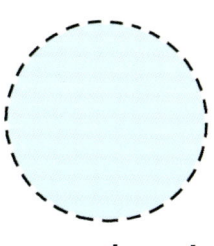
sono le sei
e tre quarti

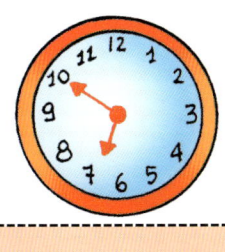

È notte...

È mezzanotte e la città è tranquilla. Sara e Marco dormono ma…
i gatti sono svegli! Quanti gatti ci sono? Colorali.
Disegna le lancette dell'orologio.

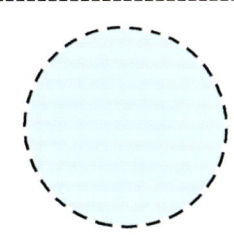
sono le otto

sono le undici

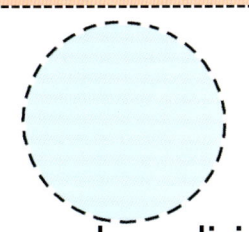

MIAOO

9

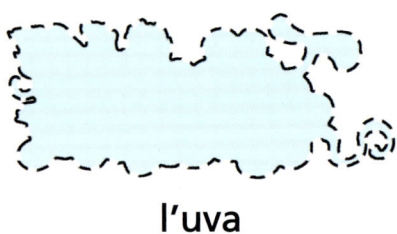

l'uva

le pere

le arance

Al mercato

Quanta frutta c'è al mercato!
Marco e Sara comprano la loro frutta preferita.
C'è anche il gatto Fuffi, ma… dov'è?
Trovalo. Colora la frutta.

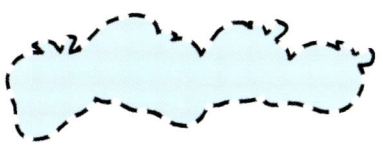

le fragole

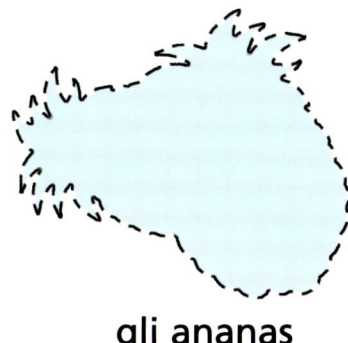

gli ananas

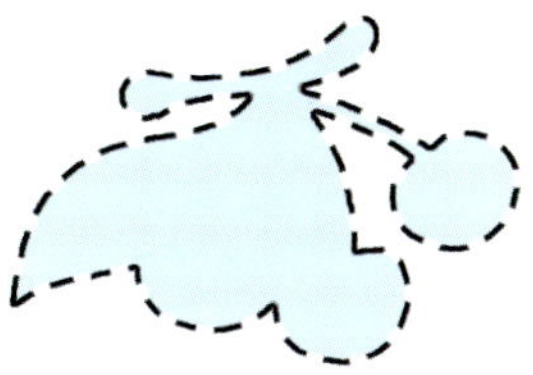

le ciliegie

le castagne

il fiore

Ai giardini pubblici

È domenica mattina. Ai giardini pubblici c'è molta gente.
Marco e Sara giocano a nascondino.
Dove si nascondono Sara e Marco? Colora lo scivolo.

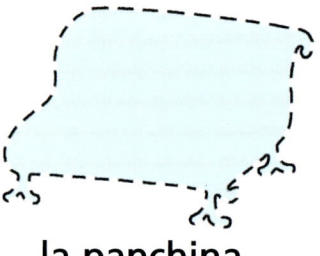

la panchina

il venditore
di palloncini

12

il cigno

lo scivolo

l'aquilone

13

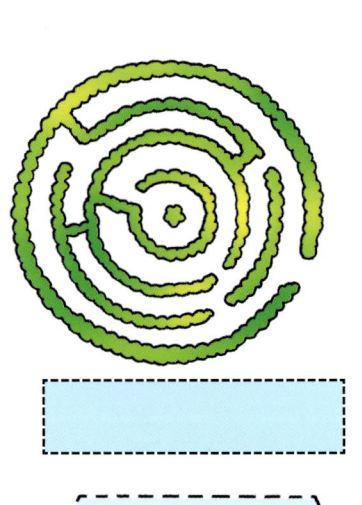

il trenino

lo zucchero filato

Al luna park

È domenica pomeriggio e Marco e Sara
sono al luna park. Che divertimento!
Che cosa mangia Marco?
Colora il pagliaccio con i tuoi
colori preferiti.

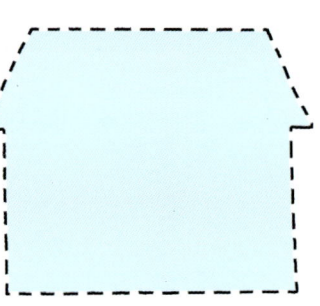

il tiro a segno

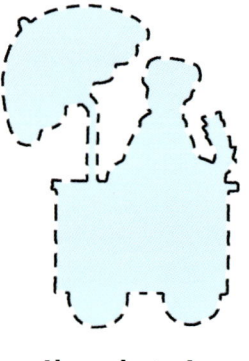

il gelataio

il castello
degli orrori

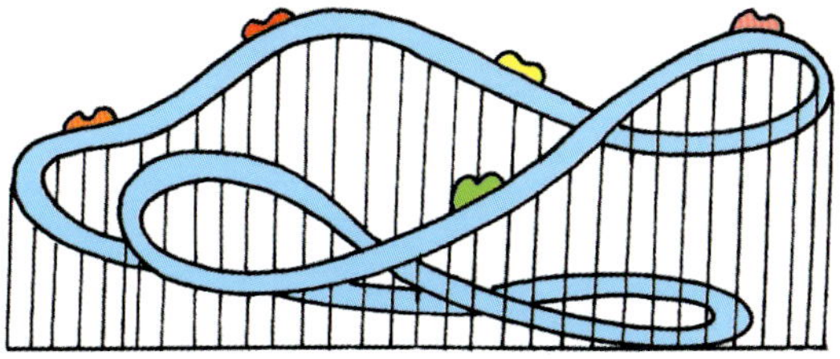

la ruota
panoramica

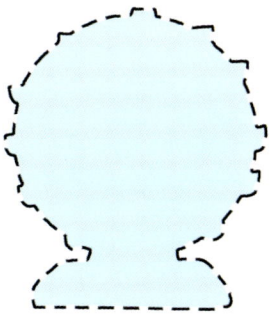

il pagliaccio

Hai attaccato le parole al posto giusto? Controllalo qui!

la strada

il negozio di scarpe

sono le cinque

le banane

il laghetto

le strisce pedonali

la vetrina

è mezzanotte

le pesche

l'anatra

la piazza

il fioraio

sono le sei

le mele

il cespuglio

la fermata dell'autobus

l'insegna

sono le sei e un quarto

i limoni

l'altalena

il taxi

il negozio di abbigliamento

sono le nove

i fichi

le montagne russe

la bicicletta

il panettiere

sono le sei e mezzo

i kiwi

il giocoliere

la motocicletta

la cartoleria

sono le tre

le prugne

il castello delle fate

il treno

il negozio di articoli sportivi

sono le due

la farfalla

il prestigiatore

il camion

sono le sette meno dieci

sono le dieci

l'aiuola

il labirinto

l'ambulanza

è mezzogiorno

sono le sette

l'albero

gli autoscontri